Piccola Biblioteca del Sorriso

Piccola Biblioteca del Sorriso

*Per affrontare la vita
occorre serietà;
per sopportarla
molto senso dell'umorismo.*

Sergio Angeli

PASSE PARTOUT.

IL BEL PAESE

oggi

FESTINA LENTE
EDIZIONI

PREFAZIONE

Prefazione

Passepartout, perché questo nome d'arte? La storia, a quel che si mormora in giro, parte necessariamente da qui. Era piccolino, incline alla curiosità, un po' fuori registro, forse, in un contesto umano fatto di coetanei che sognavano di stabilizzarsi in società con ruoli più tranquilli, riconosciuti, spendibili per la tranquillità delle famiglie borghesi d'origine o agognati da genitori di nuclei familiari più modesti che nei figli sognavano un loro riscatto... e insieme a tutti questi c'era lui, il bambino Passepartout,[*] che misteriosamente si apprestava a percorrere la strada del precariato artistico, prima che il precariato diventasse il duro e non auspicabile destino di generazioni a venire povere vittime degli errori dei padri.

E c'era della colpevole furbizia in quegli errori paterni, la furbizia degli egoisti che non pensano alle macerie che lasceranno in eredità ai loro figli. Insomma, intere generazioni di menefreghisti dalla vista corta che portavano l'Italia nel regno del ridicolo internazionale, e loro stessi a laurearsi in idiozia ipercinetica o ipercinetismo idiota, se uno la vuol vedere da un'altra angolatura.

E allora ecco che il bimbo Passepartout cerca una chiave universale, appunto, per scardinare le porte del Grande Hotel Italia e leggere

---

[*] Un piccolo segreto di Pulcinella: a voler dirla proprio tutta, al di là della "licenza poetica" efficacemente assunta dal prefatore per rendere più incisiva la propria tesi, dietro lo pseudonimo di Passepartout, si celano in realtà, *sic et simpliciter*, non uno ma "due bambini", artisticamente in coppia dal 1977: Gianfranco Tartaglia, alle matite e pennelli, e Pietro Gorini, alla penna (ndr).

dentro le sue camere le verità da restituire a se stesso e a chi le vuol sapere. Lo fa con l'umorismo. Lo fa da sempre. Lo fa con semplicità, ingegno e nitore grafico. Lo fa perché qualcuno lo deve fare. Si fa così quando si vuol diventare. A meno di non voler restare per sempre quello che agli altri fa comodo che uno sia perché tutto resti sempre come prima.

Alessandro Benvenuti[**]

[**] Attore, commediografo, regista, sceneggiatore e scrittore.

IL BEL PAESE oggi

TORRENTI CHE ESONDANO PERCHE' LI HANNO CEMENTIFICATI...
MONTAGNE CHE FRANANO PERCHE' LE HANNO DISBOSCATE...
PALAZZI ABUSIVI CROLLATI PERCHE' COSTRUITI IN RIVA AL MARE.
IN ITALIA LE CALAMITA' NATURALI SONO PIU' NATURALI CHE CALAMITA'.
PASSE PARTOUT.

UNO
DELL'ANTIMAFIA
ACCUSATO DI MAFIA.
INCREDIBILE!

TU PENSI CHE ANTI
SIGNIFICHI CONTRO:
ANTIFASCISMO,
ANTITETANICA...

E INVECE
SIGNIFICA PRIMA:
ANTICAMERA,
ANTIPASTO...

PASSE
PARTOUT.

UNA GUERRA,
UN'INGIUSTIZIA...

... UNO
SFRUTTAMENTO,
UN'EPIDEMIA,
UNA MENZOGNA.

PER FARE
UNA REALTÀ
BASTANO
5 ERRORI.

ESSERE PESSIMISTI OGGI IN ITALIA È L'UNICA OCCASIONE RIMASTACI PER AVERE RAGIONE

HO PRESO LA LAUREA BREVE. ORA MI STO SPECIALIZZANDO IN ATTESA LUNGA

UNA VOLTA
SCENDEVAMO
IN PIAZZA!

FACEVAMO
MARCE PER IL
LAVORO...

... MARCE
PER I DIRITTI,
MARCE PER
LA PACE...

... GUARDA
UNA VOLTA
COME ERAVAMO
MAGRI!

DUE ANNI FA
ERO IN CERCA
DI PRIMA
OCCUPAZIONE.

UN ANNO FA
ERO INOCCUPATO.
QUEST'ANNO SONO
DISOCCUPATO.

ALL'IMPROVVISO
MI SENTO ADULTO.
PASSE
PARTOUT.

IN ITALIA
IL PROBLEMA
DELLA MANCANZA DI
MEZZI È AGGRAVATO
DALL'ASSENZA
DI FINI.
PASSE
PARTOUT.

... DA OGGI
PER ESSERE LICENZIATI
BASTA ESSERE
ASSUNTI.
PASSE
PARTOUT.

I PENSIONATI
SONO LÌ CHE
NON HANNO
ANCORA CAPITO
CHE COSA HANNO
COMBINATO PER
DOVER ANDARE
A LETTO SENZA
CENA...

SIAMO
TUTTI PEDINE...
SAPESSIMO
ALMENO A
CHE GIOCO
GIOCHIAMO.

COME
MADRE SONO
TRANQUILLA.

SE
CONSIDERO
LA TATA,
L'INSEGNANTE
DI PIANOFORTE...

... IL MAESTRO
DI TENNIS, LA
SUA AMICHETTA
DEL CUORE, I NONNI,
IL PAPÀ, LA TV,
SUOR MARTINA...

... TWITTER,
FACEBOOK,
BARBIE E
RAPUNZELL...

... LA MIA
RESPONSABILITÀ
NELL'EDUCAZIONE
DI CARLOTTA
NON SUPERA
IL 10%.

VIA, SIGNOR CARLO... PRENDA ESEMPIO DAL MARE!
IN ETERNO MOVIMENTO, ONDA DOPO ONDA, MAI LO STESSO.
MA NON CAPISCE? LA VITA È CAMBIAMENTO!
RIMANERE FERMI È MORIRE!
IMPARI AD ACCETTARE I MUTAMENTI, SIA ELASTICO... RICETTIVO, APERTO ALLE NOVITÀ!
STA PER DIRMI CHE QUEST'ANNO HA DIMENTICATO DI RISERVARMI IL MIO SOLITO OMBRELLONE E SONO FINITO A UN KILOMETRO DAL MARE?
BAGN
IL BEL PAESE
PASSE PARTOUT.

L'INTRECCIO FRA MAFIA E POLITICA È COSÌ INESTRICABILE CHE NON SI SA PIÙ CHI PAGA CHI.

OH, I LOVE ITALY!
WONDERFUL STORICHE ROVINE:
POMPEI, FORO ROMANO,
L'AQUILA...
LA RESIDENZA
PASSE
PARTOUT.

BRUTTE
NOTIZIE
PER I NATI
NEL 1990!

PER ANDARE
IN PENSIONE...

... DOVRANNO
ASPETTARE
L'I-PHONE 70.

TG
TG

PASSE
PARTOUT.

QUANDO DARWIN SCOPRÌ CHE SOPRAVVIVE IL PIÙ ADATTO ALL'AMBIENTE
AVREBBE MAI PENSATO CHE PROPRIO L'AMBIENTE
NON SAREBBE SOPRAVVISSUTO?
PASSE PARTOUT

ATTERRAGGIO D'EMERGENZA DI UNA FAMIGLIA ITALIANA SENZA CARRELLO DELLA SPESA!

CENSITE LE
BUCHE A ROMA,
I NUMERI SONO
ALLARMANTI! SOLO
217 BUCHE SONO
ABITABILI.
PASSE PARTOUT.

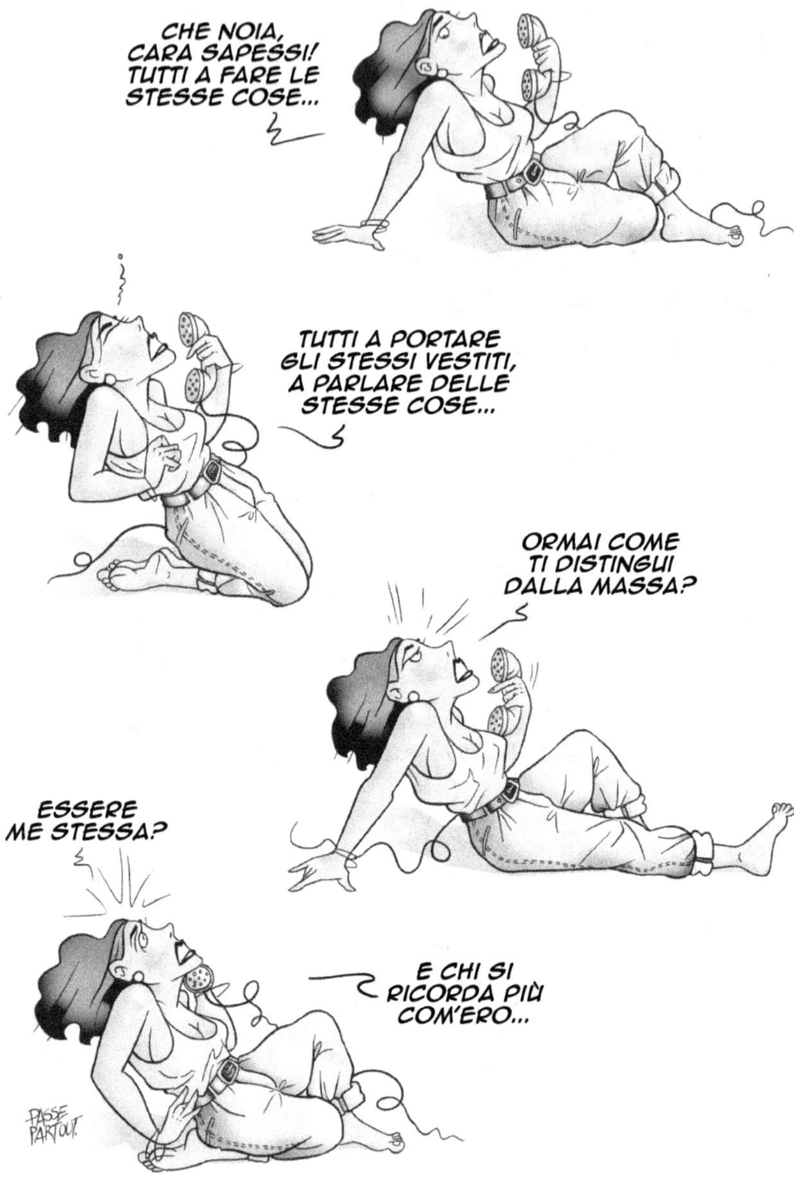
CHE NOIA, CARA SAPESSI! TUTTI A FARE LE STESSE COSE...
TUTTI A PORTARE GLI STESSI VESTITI, A PARLARE DELLE STESSE COSE...
ORMAI COME TI DISTINGUI DALLA MASSA?
ESSERE ME STESSA?
E CHI SI RICORDA PIÙ COM'ERO...
PASSE PARTOUT.

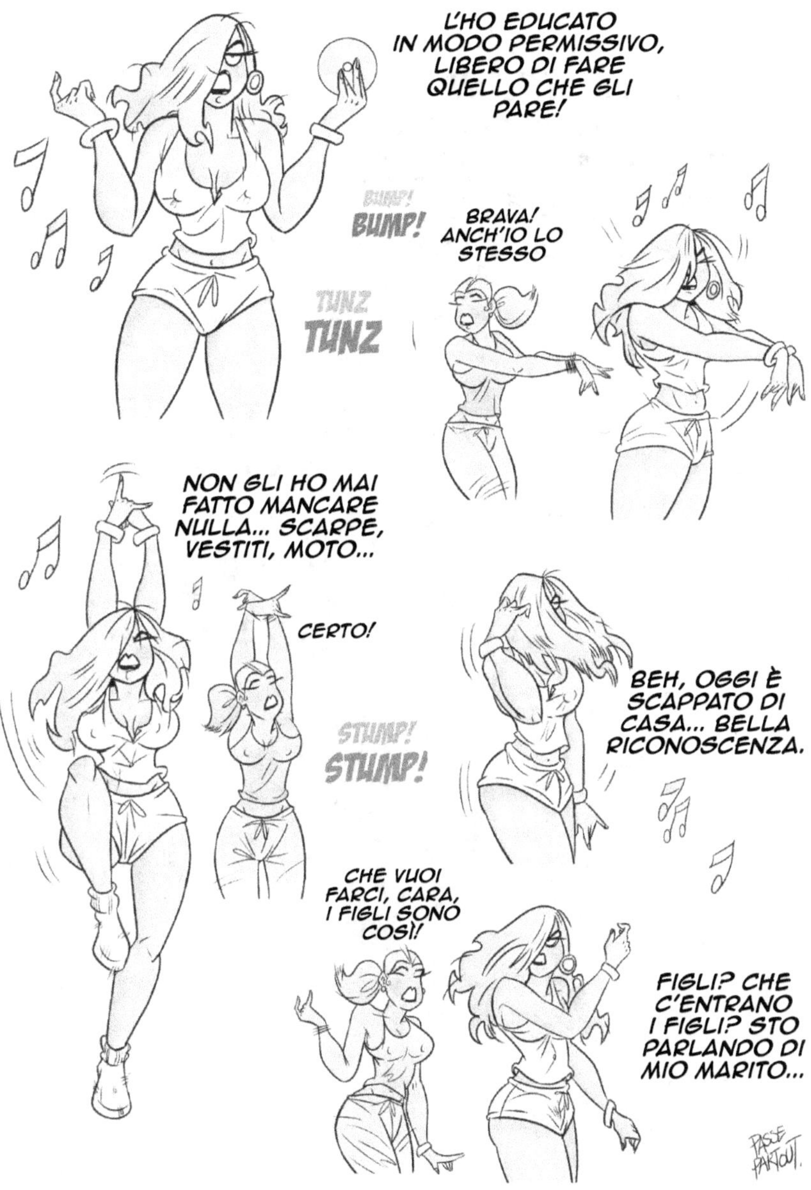

L'HO EDUCATO IN MODO PERMISSIVO, LIBERO DI FARE QUELLO CHE GLI PARE!
BUMP! BUMP!
TUNZ TUNZ
BRAVA! ANCH'IO LO STESSO
NON GLI HO MAI FATTO MANCARE NULLA... SCARPE, VESTITI, MOTO...
CERTO!
STUMP! STUMP!
BEH, OGGI È SCAPPATO DI CASA... BELLA RICONOSCENZA.
CHE VUOI FARCI, CARA, I FIGLI SONO COSÌ!
FIGLI? CHE C'ENTRANO I FIGLI? STO PARLANDO DI MIO MARITO...
PASSE PARTOUT.

MI SONO ISCRITTO
A UN CORSO PER
DIVENTARE OTTIMISTA.
IL BICCHIERE ME LO
PORTO DA CASA.

HO INVIATO
TANTI DI QUEI
CURRICULUM CHE
L'HO MESSO IN
CURRICULUM.

CROLLANO
VIADOTTI...

CROLLANO
SCUOLE...
CROLLANO
MONUMENTI...

L'ITALIA
È RIMASTA
ALL'ETÀ DELLA
PRIMA PIETRA

... ULCERA, IMPOTENZA, TURBE PSICHICHE, DEPRESSIONE, TACHICARDIA, PSORIASI...
... ORMAI LA DISOCCUPAZIONE RIGUARDA PIÙ LA SANITÀ CHE L'ECONOMIA.

C'È PIÙ
ACQUA SU
MARTE CHE A
CALTANISSETTA.

DIVENTI GRANDE QUANDO SMETTI DI FAR PARTE DELLA STATISTICA "GIOVANI IN CERCA DI LAVORO" ED ENTRI NELLA STATISTICA "DISOCCUPATI"!
I ♥ UMBRIA JAZZ
PASSE PARTOUT.

HO 20 ANNI,
SENZA UN LAVORO,
SENZA UNA CASA.
A 75 ANNI AVRÒ
UNA PENSIONE
DA FAME.
SCUSATE,
MA LA TORTURA
IN ITALIA NON
È REATO?

LA MIA BISNONNA EBBE ADDIRITTURA DIECI FIGLI.
WOF! WOF!
MIA NONNA HA AVUTO CINQUE FIGLI, MIA MADRE HA AVUTO SOLTANTO ME.
MIUUU?
IO STO CON LA MIA BISNONNA...
HO SEI GATTI, DUE CANI, UNA TARTARUGA E UN PESCE ROSSO.
PASSE PARTOUT.

... DOVE SONO I BERLINGUER E I MORO? DOVE SONO I NENNI E I PERTINI?
CHI?
PASSE PARTOUT.

IL CAMBIAMENTO
PIÙ ATTUATO IN
ITALIA È QUELLO
DEL PROFILO
FACEBOOK.

CLASSIFICA CORRUZIONE MONDIALE: BUONE NOTIZIE PER L'ITALIA... SIAMO RISALITI ALL'ULTIMO POSTO!
TG

MA PUÒ UNO DI SINISTRA ESSERE CORROTTO COME UNO DI DESTRA?
USI CATEGORIE SORPASSATE: CORROTTO, ONESTO...
PASSE PARTOUT.

BENVENUTO ALLA "VE LA TROVIAMO NOI" ...SE VUOLE SEGUIRMI...
DEVO CONFESSARLE CHE MI SENTO ABBASTANZA AGITATO.
MA NO, STIA TRANQUILLO... DUNQUE, COLORE DEI CAPELLI? OCCHI?
...BIONDI! BIONDISSIMI ...E OCCHI VERDI, VERDI COME IL MARE...
BENE, OTTIMA SCELTA! E SULL'ASPETTO E SUL CARATTERE COSA MI DICE?
OH...BELLA, SLANCIATA... DISINIBITA, MODERNA...
BRAVO, IDEE BEN CHIARE... ETA'?
DIREI SUI TRENTA, QUARANTA, SI'...
PERO'...
...MI RACCOMANDO, DISCREZIONE! MIA MOGLIE NON DEVE SAPERE NIENTE!!
FINITO! IL TEMPO DI INSERIRE I DATI E LE FAREMO SAPERE IL NOME DELLA SUA ANIMA GEMELLA.
PASSE PARTOUT.

MI AMI?
DA MORIRE!
ALLORA, HEM...POTREI VEDERE IL TUO CERTIFICATO MEDICO SULL'AIDS?
COME SAREBBE A DIRE?
...NIENTE, VOGLIO SOLO ESSERE SICURO CHE NON HAI L'AIDS, ECCO IL MIO...
CAFONE! NON TI FACCIO VEDERE UN BEL NIENTE!
MI CREDI UNA DROGATA? UNA PUTTANA? ECCO IL MIO CERTIFICATO ...ADDIO!
...SEI SANA, SANISSIMA!
PERDONAMI TI PREGO...MI VUOI SPOSARE? OGGI...SUBITO!
SI' MA PRIMA FAMMI VEDERE LA TUA DICHIARAZIONE DEI REDDITI.
PASSE PARTOUT.

CI CHIEDONO SACRIFICI E DOBBIAMO ANCHE SORRIDERE.
... È PER VEDERE SE ABBIAMO DENTI D'ORO.
PASSE PARTOUT.

UNA VOLTA SI VIVEVA PEGGIO,
MA SOPRAVVIVERE COSTAVA MENO.

DAPPRIMA
HO COMPRATO
L'IPHONE 5
E UN ANNO DOPO
HO COMPRATO
L'IPHONE 5S!

L'ANNO
SUCCESSIVO
HO COMPRATO
L'IPHONE 6...
PRATICAMENTE
NON CI SONO
DIFFERENZE.

DEL RESTO
ANCHE IO SONO
LO STESSO
GRULLO DI
SEMPRE.

PASSE
PARTOUT.

SE I POLITICI SI ACCORDANO FORSE AVREMO UN GOVERNO...

FORSE IL NUOVO GOVERNO SI OCCUPERÀ DELLE PENSIONI DA FAME, FORSE...

... E FORSE ARRIVARE ALLA FINE DEL MESE NON SARÀ PIÙ UN'IMPRESA, FORSE...

MI PREOCCUPA QUESTO FUTURO CHE NON SMETTE MAI DI NON ARRIVARE.

PASSE PARTOUT.

CHIUDERE UN OCCHIO INDUCE SONNOLENZA.

HO UNA LAUREA
BREVE IN DISOCCUPAZIONE
PERMANENTE.
PASSE PARTOUT.

LA FIDUCIA
NEI POLITICI È AI
MINIMI. IERI UN
IMPRENDITORE...

... DOPO
AVER PAGATO
UNA TANGENTE A
UN ASSESSORE...

... HA
CHIESTO
LA RICEVUTA.

PRIMA
SCOMPARVERO
LE IDEOLOGIE

POI
SCOMPARVERO
GLI IDEALI.

POI
SCOMPARVERO
LE IDEE.

RESISTONO
GLI IDIOTI.
PASSE
PARTOUT.

NELLA PRIMA REPUBBLICA SI RUBAVA DISCRETAMENTE!
ANCHE OGGI NON CI LAMENTIAMO...

... MA SE CI SONO DUE ITALIE, PERCHÉ VIVIAMO TUTTI NELL'ALTRA?
PASSE PARTOUT.

MI DOMANDI COME STA L'ITALIA?
OGGI HO CHIAMATO IL 113...
... MI HANNO RISPOSTO: "AIUTO!".
PASSE PARTOUT.

IL LEONE SA
CHE MANGIARE
LA GAZZELLA
È BENE...

... LA GAZZELLA SA
CHE NON ESSERE
MANGIATA DAL
LEONE È BENE...

... IN NATURA
LE LARGHE INTESE
NON ESISTONO.

SI REGISTRA IN ITALIA UN MISTERIOSO FENOMENO ECONOMICO... I SOLDI PER LA CORRUZIONE NON FINISCONO MAI.
PASSE PARTOUT.

ITALIA: SCOPERTI
MIGLIAIA DI FALSI
GIOVANI DI 42 ANNI.

DA TRE MESI
STO CON UNO
CHE MI PIACE
UN SACCO.

UN TIPO
SOLIDO,
CONCRETO,
PROGETTUALE,
SAI, LAVORA
IN BANCA.

QUALCHE
DIFETTUCCIO
CE L'HA ANCHE
LUI... IN TRE
MESI NON
MI HA MAI
REGALATO
UNA ROSA...

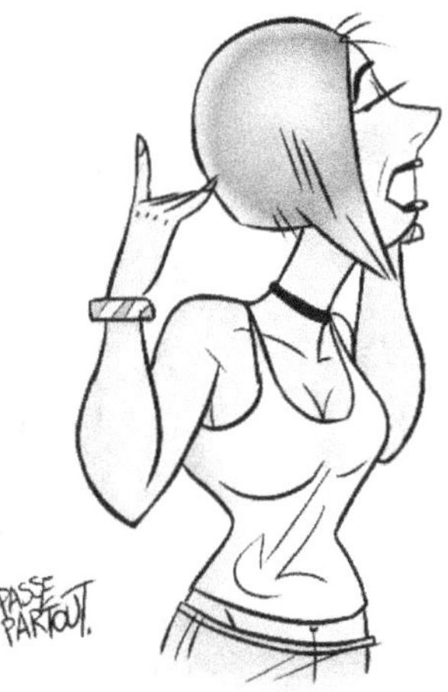

... ME LE
PRESTA.

SONO L'ULTIMO
ITALIANO ONESTO.

VADO SEMPRE
A VOTARE E MI
RITROVO POLITICI
CORROTTI.

PAGO TUTTE LE
TASSE E MI RITROVO
AMMINISTRATORI
LADRI.

TIMBRO OGNI GIORNO
IL CARTELLINO E MI
RITROVO COLLEGHI
TRUFFATORI.

PASSE
PARTOUT.

TALVOLTA,
LO CONFESSO,
PARCHEGGIO IN DOPPIA
FILA PER NON FARE
LA FIGURA DEL FESSO.

EDIZIONE STRAORDINARIA!
UN FOLLE ARMATO È
ENTRATO IN PARLAMENTO
E HA APPROVATO
UNA LEGGE!
TG

IL SINDACATO
DEI DISOCCUPATI
HA INDETTO UNA
GIORNATA NAZIONALE
DI LAVORO...

IN ALCUNI LUOGHI DEL PIANETA...

... IN POCHE MIGLIAIA DI ANNI GLI UOMINI SONO PASSATI...

... DALLE CAVERNE ALLE BARACCHE.

MIO PADRE È
BERSANIANO,
MIA MADRE È
D'ALEMIANA...

... MIA
SORELLA
È CIVATIANA,
IO SONO
RENZIANO.

MIA NONNA,
BERLINGUERIANA
E PENSIONATA,
CI MANTIENE
TUTTI.

LA SCUOLA ITALIANA SFORNA PIÙ IGNORATI CHE IGNORANTI.

SPERIAMO CHE I RISULTATI ELETTORALI NON INFLUISCANO SUI SONDAGGI.
PASSE PARTOUT.

L'ITALIANO HA COSÌ
POCA FIDUCIA NEI PARTITI
CHE, PUR DI NON VOTARLI,
NE FONDEREBBE UNO.

IN ITALIA È PIÙ
FACILE ESSERE ASSOLTI
PERCHÉ IL REATO NON
COSTITUISCE FATTO.

TU MI
CHIEDI COS'È
L'INGENUITÀ.

È CREDERE
CHE GRAZIE
ALL'IMMUNITÀ
I POLITICI...

... NON SI
AMMALERANNO PIÙ
DI CORRUZIONE.

NON POTEVA DURARE, LO SAPEVO.
CI ERAVAMO CONOSCIUTI SU FACEBOOK.
SOLTANTO DUE AMICI IN COMUNE.
PASSE PARTOUT.

SONO DISOCCUPATO
DA 10 ANNI
NON ME
LO RICORDO
PIÙ.
COSA
SA FARE?
UFFICIO DEL
PERSONALE

NONOSTANTE TUTTO HO FIDUCIA NELLA POLITICA. CREDO ANCORA CHE ESISTANO ELETTORI ONESTI.
PASSE PARTOUT.

HUUU?
PAPÀ?
LO SCIENZIATO CHE FA RICERCA PURA, COSA CERCA?

IN ITALIA LAVORO.

SECONDO
L'ULTIMA RICERCA
LE DONNE SONO
PIÙ INTELLIGENTI
DEGLI UOMINI!

C'ERA DA
ASPETTARSELO.
NON POTENDO
OTTENERE LA
PARITÀ...

... HANNO
OPTATO PER LA
SUPERIORITÀ.

MIO FIGLIO È ANDATO A LAVORARE ALL'ESTERO.
BENE! UN CONCORRENTE IN MENO.

I GIOVANI DISOCCUPATI SONO SALITI AL 46%
QUESTO È IL GUAIO DEI GIOVANI D'OGGI: L'EMULAZIONE!
PASSE PARTOUT.

GRAZIE AI
SOCIAL MEDIA
ORA POSSO
ODIARE DA
CASA.

NON CE LA FARAI
MAI CONTRO GLI IDIOTI.
HANNO GLI AGGIORNAMENTI.
PASSE
PARTOUT.

CHE ITALIA PERFETTA SAREBBE, SE TUTTI FOSSIMO PRODUTTIVI COME I LAVORATORI TEDESCHI...

... OTTIMISTI COME I LAVORATORI SPAGNOLI...

... SCHIAVI COME I LAVORATORI CINESI.

IN ITALIA CI VOGLIONO MESI PER UNA VISITA MEDICA...

... CI VOGLIONO MESI PER FARE UNO STRACCIO DI GOVERNO...

... MESI PER AVERE LA PENSIONE...

... COSA CI VUOLE PER ESSERE ITALIANI? TANTA, TANTA PAZIENZA.

GLI
ALTRI HANNO
L'UOMO DELLA
PROVVIDENZA,
NOI AL MASSIMO
L'UOMO DELLA
PROVVIGIONE.

MI SENTO UN ALTRO:
HO CAMBIATO TUTTE
LE PASSWORD!

TUMP!
TUMP!
PER RESTARE GIOVANE FACCIO PALESTRA...
... MANGIO NATURALE...
PASSE PARTOUT.
... POI CREME, LOZIONI, LIFTING...
... E MI TOLGO SEI ANNI!

CAPISCI MAMMA, DOPO TUTTI QUESTI ANNI MI HA PIANTATO!
COPPIA, AMORE, FEDELTÀ, ERANO SOLO BEI DISCORSI... CHE MI CONSIGLI DI FARE MAMY?
TROVARMI UN ALTRO MARITO?
MA CHE C'ENTRA MIO MARITO? È IL MIO AMANTE CHE MI HA LASCIATO!
PASSE PARTOUT.

OGGI
CERTE PENSIONI
ASSOMIGLIANO
ALLA FELICITÀ:
DURANO
UN ATTIMO.

... MODA, FERRARI, TOD'S... L'ITALIA ESPORTA TANTA BELLEZZA. E QUI NE RIMANE POCHINA POCHINA.
PASSE PARTOUT.

HO FATTO
UN PROVINO.
MI FARANNO
SAPERE PER
COSA

LA SPERANZA
È CHE I
PROBLEMI
SI STANCHINO
E SI
RISOLVANO
DA SÉ...

NON ESISTONO
POLITICI CORROTTI,
MA SOLO POLITICI
BECCATI.

QUAND'È CHE
FINIRANNO LE
SORPRESE E
AVREMO LE UOVA?

PASSE
PARTOUT.

IRONIA
DELLA SORTE: DA
QUANDO IN ITALIA
GLI OSPEDALI SONO
DIVENTATI AZIENDE,
LE AZIENDE SI SONO
AMMALATE.
GRAT
GRAT...
PASSE
PARTOUT.

È VERO CHE TUTTO PASSA, MA IL FATTO È CHE IN ITALIA POI RITORNA!
PASSE PARTOUT.

ULTIMISSIME: IL VESUVIO
NON ERUTTERÀ PIÙ.
DOPO POMPEI SI È
CONVINTO CHE RIUSCIAMO
A FARCELA DA SOLI.
TG
PASSE
PARTOUT.

PROCLAMATO
UNO SCIOPERO NAZIONALE
DI CHIROMANTI, CARTOMANTI
E ASTROLOGI... CHIEDONO IL
RIPRISTINO DEL FUTURO.
TG
PASSE PARTOUT.

NON SOLO STIAMO ANDANDO VERSO IL BARATRO, MA DAGLI ULTIMI DATI ISTAT RISULTA CHE NON C'ENTRANO TUTTI...

VARESE: UCCIDE
LADRO IN CASA
CREDENDOLO
LA MOGLIE.

TG

PASSE
PARTOUT.

UN POLITICO ITALIANO
NON SAI MAI COME
LA PENSA FINCHÉ
NON SMENTISCE...

SENTITO? DIMENTICHIAMO IL POSTO FISSO.
C'ERO QUASI RIUSCITO. PERCHÉ ME L'HAI RICORDATO?
PASSE PARTOUT.

LA VELOCITÀ
DELLE INFORMAZIONI È
STRABILIANTE... OGGI LE
NOTIZIE SI DIFFONDONO
PRIMA DI ACCADERE!

SE TUTTI
SALGONO SUL CARRO
DEL VINCITORE POI NON
MERAVIGLIAMOCI CHE
VADA PIANO
PASSE
PARTOUT.

PAPÀ,
CHE FARAI
DA GRANDE?

PAPÀ IO NON SCAPPERÒ ALL'ESTERO, RIMARRÒ IN ITALIA. QUI C'È VENEZIA, FIRENZE, ROMA...
IL TURISTA!
E COSA VUOI FARE DA GRANDE?
PASSE PARTOUT.

L'ETERNO DILEMMA: LA POLITICA CORROMPE O I CORROTTI SI BUTTANO IN POLITICA?

C'È MOLTO
DA FARE
IN ITALIA,
PRIMA DI
POTER FARE
QUALCOSA...

PASSE
PARTOUT.

QUANDO A UN POLITICO GLI VENGONO I RIMORSI È RIFAME?

NEL GIRO
DI QUALCHE
GENERAZIONE
GLI ITALIANI
SONO PASSATI
DAL POSTO
AL SOLE
AL POSTO A
LONDRA.

IN ITALIA LE CASE
CROLLANO CON LE
INFILTRAZIONI D'ACQUA
E VENGONO COSTRUITE
CON LE INFILTRAZIONI
MAFIOSE.

NELLE FACOLTÀ DI GEOLOGIA DELLE UNIVERSITÀ ITALIANE È STATO INTRODOTTO L'ESAME DI FATALITÀ.
TG
BEER
PASSE PARTOUT.

ULTIMAMENTE
IL FUTURO
ARRIVA ALLE
SPALLE.

NON ESISTONO STUPIDI DI DESTRA E STUPIDI DI SINISTRA. GLI STUPIDI STANNO SEMPRE IN MEZZO.
PASSE PARTOUT.

LA FELICITÀ È QUEL
BREVE PERIODO CHE
VA DA QUANDO COMPRI
L'I-PHONE X A QUANDO
LANCIANO L'I-PHONE Y.

IL MIO PROFILO MIGLIORE? FACEBOOK.

NESSUNA LEGGE
ELETTORALE È PERFETTA.
TUTTE ELEGGONO POLITICI.

LA PENSIONE RAPPRESENTA
UNA NUOVA DIMENSIONE
NELLA VITA DI UNA PERSONA:
SCOPRIRE CHE MEZZA ITALIA
TI STA INVIDIANDO.

PASSE
PARTOUT.

L'ITALIA È FERMA...
FORTUNA CHE IL
BARATRO HA CAPITO
E CI VIENE INCONTRO!
PASSE
PARTOUT.

OGGI PUOI
ANCORA AVERE NIENTE
ALLO STESSO PREZZO
DI UNA VOLTA!
PASSE
PARTOUT.

OCCIDENTE:
L'EMERGENZA
HA SUPERATO
LA DECADENZA.

NON
SAPPIAMO
NULLA.
FORTUNA CHE
CE NE FREGA
ALTRETTANTO.
PASSE
PARTOUT.

SONO PRECARIO DA 30 ANNI.
BRAVO! NELLA VITA LA STABILITÀ È TUTTO.
PASSE PARTOUT.

METTIAMO UN TETTO ALLE PENSIONI D'ORO!
... E QUATTRO PARETI ALLE PENSIONI DA FAME.
PASSE PARTOUT.

MOLTI ITALIANI
SOGNANO DI
ANDARE AL POTERE
PER PASSARE
COL ROSSO.

NON FACCIO IL SALTAFILA A GARDALAND; NON FACCIO CORI RAZZISTI CONTRO I GIOCATORI DI COLORE...

NON FACCIO CREDERE CHE BABBO NATALE ESISTA; NON FACCIO BIBITONI DI DOPING PER VINCERE NELLO SPORT...

NON FACCIO SORPASSI A DESTRA; NON FACCIO REGALI INUTILI CHE POI SARANNO RICICLATI...

NON FACCIO FACCIO STUPRI DI GRUPPO GIUSTIFICANDOMI DICENDO POI CHE "LA RAGAZZA CI STAVA".

A VOLTE, PER FARE QUALCOSA PER L'UMANITÀ, DEVI NON FARE.

SE GLI ONESTI POSSONO RESTARE ONESTI È GRAZIE A NOI CORROTTI CHE FACCIAMO IL LAVORO SPORCO.
PASSE PARTOUT.

L'ITALIA È IL PAESE DOVE QUANDO NON SI DISTRUGGE SI OSTRUISCE.
PASSE PARTOUT.

INDICE

INDICE

Ventidue grandi storie d'amore rivisitate e raccontate in rima, storie di passione, di amori tragici e disperati che, in ragione ciò, hanno fatto la fortuna di scrittori, poeti e cineasti di ogni tempo. Tuttavia, contrariamente a quanto potrebbe far supporre il titolo, *Passione* è un libro che ambisce - e ci riesce bene - a far sorridere i propri lettori e dunque l'autore, con garbo e ironia, ripensa e racconta in versi queste storie, un componimento per ogni coppia, con occhio critico e divertito. Al termine di ogni componimento segue poi una piccola noterella erudita sulle fortune cinematografiche o teatrali della coppia, arricchita anche da aneddoti e curiosità varie. Alla realizzazione del libro ha poi collaborato con passione, è il caso di dirlo, un'affiatata squadra di noti e apprezzati cartoonist italiani (32 per l'esattezza) che ha arricchito ogni capitolo del libro con una serie di tavole umoristiche create ad hoc.

Il detenuto n. 35, alias Pietro, è un uomo sornione, pacioccone, un abile affarista, ma soprattutto un maestro nella vecchia nobile arte dell'arrangiarsi, sempre pronto a trarre qualcosa di buono anche dal tanto di cattivo che gli passa davanti. Rassegnato a vivere in un paese che assomiglia sempre più a una galera e in una galera che tanto assomiglia al nostro paese, Pietro sa prendere il mondo per il suo verso, perché cambiarlo è operazione difficile, ardua, forse vana. Dalla vulcanica penna di Giuliano un surreale ritratto in strip, tutto da ridere, della vita in carcere. Prefazione di Leandro Castellani.

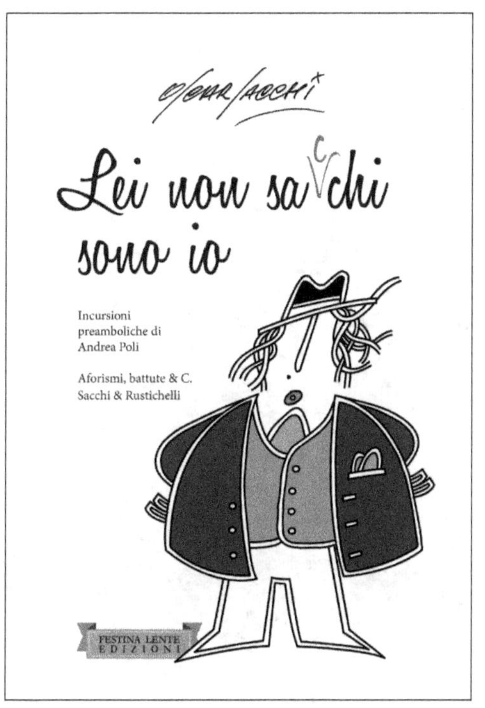

Dopo aver lungamente scartabellato fra schizzi, bozzetti, ritagli di giornale, opuscoli, libri, tavole già pubblicate in varie occasioni e altre inedite o esposte brevemente solo a qualche rassegna di grafica, con questo volume – grazie anche all'amichevole complicità di Andrea Poli, che ha firmato le "divagazioni" introduttive di ogni capitolo – si è voluto raccogliere e riorganizzare per aree tematiche il meglio di oltre 40 anni di attività di Oscar Sacchi come disegnatore e umorista, attingendo a piene mani sia al suo vasto repertorio di tavole illustrate sia ai testi, che nel libro si ritrovano qua e là a piè pagina, composti ai tempi del sodalizio artistico con Alberto Rustichelli, con l'intento di fornire un gustoso assaggio della sua vis comica.

Varie ed eventuali non tanto e non solo per la varietà dei temi, vera e propria misticanza di riflessioni; ma soprattutto per quella messa in conto dell'eventualità che esclude in anticipo ogni pretesa di indispensabilità. Ciò che rende gradito l'aforisma è infatti proprio questo suo non essere assolutamente indispensabile. Che ci sia o no la vita non cambia, anche se cambia il punto di vista da cui guardare una data situazione. In qualsiasi modo lo si voglia denominare, questa scrittura breve trova la propria ragion d'essere nell'intensità folgorante, nel baleno pirotecnico che squarcia l'ovvio, il consueto, l'assodato. Ma per quanto leggero, inseguitore di sorrisi e per ciò stesso apparentemente fatuo, l'aforisma ha in sé una costitutiva autorevolezza che lo distingue dalla semplice battuta. È, in definitiva, un gioco d'intelletto, tanto più seducente quanto più ardito e trasgressivo.

Prendendo a pretesto la figura storica di Teodolinda, regina consorte dei Longobardi e d'Italia dal 589 al 616, l'autore si proietta nel mondo lontano e vicino di Teo & Dolinda – un maggiordomo un po' carogna e una regina naturalizzata brianzola che lascia fare e sceglie la via più rassicurante e comoda – per raccontare il presente e scalfire con ironia i luoghi comuni che la vita di ogni giorno fa ingoiare a forza. Una storia molto lombarda con i Longobardi a far da riferimento, ma Longobardi rovinati o sostenuti dal contagio con tutte le terre e le popolazioni italiche. Il magico regno del bla bla bla, il dominio degli arraffa arraffa. Personaggi soffici con un magico qualcosa di "non finito" che aiuta a coniugare la realtà con la fantasia, il verosimile col quasi vero.

Finito di stampare nel mese di febbraio 2019
da Rotomail Italia S.p.A.
Printed in Italy